상처는 소리를 감추고 있다

최수영 시집

문학의전당 시인선
360

상처는 소리를 감추고 있다

최수영 시집

문학의전당

시인의 말

변명처럼
삼십여 년을 묵혀두었던 말의 씨를
세상 밖으로 내보낸다.

그래도 아쉬움이 남는 건 욕심일 것이다.

2023년 4월
최수영

차례

제2부

제3부

제4부

제1부

내 마음의 뒤란

봄볕은 무턱대고
고개 숙인 수선화 목덜미를
자꾸 간지럽혔던 거였다
한 차례 봄비 훙건한 뒤에
무던한 간지럼 못 버티고 마침내
수선화 그 환한 얼굴을 들고 말았는데
순간 뒤뜰은 온통
환한 낯빛의 간지러움으로
두근대는 것이었다

A컷

몇 달 묵은 필름을 현상 인화한다
프리지어 꽃다발을 안은 졸업식장에서
동백 숲에서 산수유 그늘 아래서
100년 만의 폭설을 뒤로하고
만개한 벚꽃 터널 한가운데서
웃고 서 있는 나
정다운 이의 낯익은 얼굴을 마주했을 테지만
제아무리 좋고 고운 사람과의 동행이었다 해도
사진은 어미로서의 내 모습을
가장 보기 좋은 얼굴로 가려내고 있다
머리 하나만큼 더 커버린 작은 아이 옆
노란 프리지어 향기로 웃고 있는 사진 속에
편안한 어미의 얼굴로 들어앉아 있다

까치발

발버둥 치며 살아낸 세월이다
어느 한 날 허투루 지낸 법 없어도
세상은 늘상 새잽이였다
시간을 가두어놓기라도 하듯
벽시계는 하나둘 멈춘 지 오래
봄꽃들이 앞다투어 꽃차례를 건너도
돌아보면 살얼음 딛듯
까치발 걸음인 게다

촌지

여든의 노인회장 송씨 어르신
구불구불 공들여 쓴
규격봉투 속
배춧잎 세 장

'사랑하는 경미 씨!
이것은 결코 몇푼 돈이 아니라네.
나의 마음일세.
좀 더 넉넉히 베풀지 못함이 아쉽지만
건강과 행복의 축원을 담아 드리네.
새해 좋은 시 많이 쓰고 행복하길!'

간결한 필체의 연필 글씨
몇 마디 사랑에
가슴 먹먹한 울림이 느껴지는
천주교 교현동 교회 봉투 겉봉

당신의 주님 품을 열듯

사뭇 떨리는 눈길도 손길도 가슴도
조심스럽고 송구한

나팔꽃을 기다리며

나팔꽃 피고 진 자리에 어김없이 싹을 틔웠네
마당 한가득 푸르게 자란 어린 싹들을 솎아 주네
문득 수북한 새순들을 나물로 먹을 수는 없을까 생각하네
어린 메밀 순은 삶아 된장에 무쳐 먹네
먹으면서
시큼하니 서러운 맛이란 생각이 드는 메밀나물처럼
잠시 뙤약볕 아래 무방비로 나서 풀을 뽑다
나팔꽃 나물을 먹는다면 무슨 맛일까 또 생각하네
벙긋벙긋 입술 벌어지는 행복한 맛일 게야
나물 한 보시기면 뱃속에서
한바탕 나팔 소리 들릴지도 모를 거란
실없는 생각을 하네

별이 쏟아지는 마당

고구마밭에 새로 놓은 새순이 초여름 볕에 시들하니 풀이 죽어 있더랬습니다 어린 순들도 새로운 환경에 순응하기 위해 보이지 않는 싸움을 하고 있는 거겠죠 좌충우돌 새로운 언어에 낯설어 되묻기를 하루에도 수차례 관습과 습관들의 괴리에서 잠깐씩 막막해하면서 하루하루를 보냅니다 담록의 나뭇잎들이 사운대며 뭐라 말을 걸어오긴 하는데 아직 그 말을 알아들을 수 있는 귀가 열리질 못했어요 말해 뭐하겠어요 제 몸의 말을 알아듣는 귀가 트이는 데 40년 이상 걸렸으니까요 마당가로 황금나무들이 울을 치고 각각의 나무들이 내는 소리 새들이 날아와 물어 나르는 소식 되도록 빨리 알아들을 수 있음 하는 바람입니다 이른 봄 미술관에서 만난 중국 화가의 가을 풍경처럼 올가을엔 그 황금빛 그늘 아래서 차 한 잔을 할 수 있을 것 같아 기다려집니다 부쩍 하늘바라기 하는 버릇이 생겼어요 가슴 답답하거나 늦은 귀갓길에 하늘을 올려다보면 쏟아질 듯 흩뿌린 별들이 안식을 줍니다 별을 보세요 누구라도 다른 어딘가에서 당신과 내가 함께할 수 있도록 말이죠

이식(移植)

지난여름 장마에 앞 개울이 한 자나 깊이 패였다
무섭게 퍼붓는 빗줄기에 계곡물이 부쩍 불어나
침목을 놓아 만든 다리 밑까지 황톳물이 넘실거렸다
밤새 큰 돌 구르는 소리가 천둥 치듯 그칠 줄 모르더니
사방공사로 쌓아둔 석축이 무너져 쓸려가고
아름드리 은행나무 뿌리가 허공에 얼키고
철쭉나무 무너진 개천가에 어지럽게 뿌리 뽑혀
돌 틈에 끼인 가지와 흙 속에 묻힌 잎들로
감히 손대지 못하고 눈길만 애잔하였다
눈 돌리면 온통 단풍 지친 마을
여름의 상처 아물지 않은 개울가
무너질 듯 위태한 다리 아래 철쭉을 구하러 내려간다
마른 덩굴을 걷어내고 죽은 가지도 골라주며
넌지시 이야기를 건네본다
무너진 지 석 달 무관심에 내팽겨져
앙가슴 고집 세게 뿌리를 붙들고 놓지 않는다
어르고 달래기를 몇 차례 끙 하는 소리와 함께 온통 잎이 붉어진다

가지 부러지고 뿌리째 견뎌온 세 그루
할퀴고 생채기 난 시간 속절없이 밑동만 굵어졌을까
해 설핏 기우는 오후 마당 한 켠이 든든하다

장마

서쪽 하늘 검게 물들이며
어깨 겯고 몰려오는
저 먹구름의 무게는
몇 그램일까요?

역류성 식도염

너는 먹은 맘 없이
툭, 내뱉었을 것이다
꿀꺽 받아 삼킨 말꼬리들이
명치 어디쯤 걸리는 줄도 모르고
부아가 끓어오르는 생각들을
산국 감국 구절초 쑥부쟁이로
눈을 돌려 향기를 더해보지만
망촛대 바랭이 올방개 방동사니로
시원스레 뽑아보기도 하지만
그 언제였던가 첫 마음의 설렘은

끝내 삼키지 못한 네 생각들만
종일 꾸역꾸역

상처는 소리를 감추고 있다

풀을 뽑아보면 안다

줄기의 어디만큼 잡아
어느 만큼의 힘을 주어야
선선히 뿌리를 내준다는 걸
뿌리와도 소통이 필요하단 걸
요량껏 잡아 뽑을 때
투둑, 서툰 바느질 다잡듯
솔기 뜯는 소리가 난다

땅과 뿌리 천과 천의
하나이던 것들의 분리는 소리가 있는지
모국어로도 통역이 필요하던
불혹의 삶을 단절할 때
숱한 소리 있었는가

상처엔 자국이 남기 마련
땅이 패이고 잔 실밥이 남듯

명치끝에 얹힌 아이 둘
소리를 내던 땅도 가슴도
메마른 채였단 걸 알고 나니
등줄기로 서늘한 바람이 지난다

대작(對酌)

문 밖엔 잦은 눈, 눈발들
검정 비닐봉지에 막걸리를 사 들고
인적 드문 골목길로 스며든다
존재를 확인이라도 하듯
내딛는 발걸음마다 자국이 짙다
가슴이 시릴 땐 맨발로 견디라 했던가
눈 속에 맨발로 설 용기가 없어
차라리 막걸리 잔을 잡는다
새우젓 선명한 두 눈과 맞닥뜨리다
등을 한껏 부풀린 채 존재를 잃어가며
끝까지 지켜낼 무엇이 있었던 걸까
깨어있는 눈동자와 마주한 해묵은 겨울
완자살 창호로 드는 햇살 두 평 남짓
내 눈빛은 더 이상 맑지 않다
술이 들이켜지질 않는다

혼자 놀기

흩날리는 눈발에 깃 세워 대항해보지만
역시나 역부족인 듯
사람들은 고개를 숙이고 종종걸음이다
가끔씩 여닫기는 유리문을 통해
싸늘한 밤공기가 바깥 날씨의 험함을 가늠케 한다
조개탄 난로의 열기가 달궈질수록
주전자의 맵싸한 생강차 향이 그윽해진다
삼삼오오 모여든 낯익은 얼굴들이
빨강 노랑 하양 삼색의 공을 두고
더러는 예술에 가까운 묘기에 박수를 보내고
서투른 솜씨엔 격려로 다독이며
초록의 사각 테이블을 오간다
보이지 않는 선을 그리며 둥근 각을 세우면
쓰리쿠션으로 완성되는 필연
공연스레 큐대만 매만지는 부러움이 있다
구석진 자리 1인용 소파에 깊숙이
왁자함에 파묻혀 졸다 깨다를 반복하는
노숙의 저녁시간

감자

감자가 싹이 났다 아니
뿌리가 솟았다 싶더니
한눈을 파는 동안
콩알만 하게 크고 작은 분신을 매달았다
흙 한 줌 물 한 방울 없이
쭈그러지고 볼품없는 몸뚱이를 자양분으로
감자는 되살아나고 있다
끝없는 세포분열 그 경이로움 속에
잠시 흙을 찾아줄까 했다
감자에 싹이 나기 시작했을 때의 일이다
그것도 그만
더 이상 생각의 진전은 없었다
가지 뻗지 못하고 푸른 잎도 없이
희고 뽀얀 씨톨들
가슴이 뭉클해 온다
묵은 감정에 새삼 살을 붙이는
숱한 연민을 맺고 있는
내 모습을 보는 것 같아 안쓰럽다

여린 뿌리에 더운 흙을 보태듯
더운 가슴 꼭꼭 여며
마음의 질화로 다독여야겠다

감자에싹이났다잎이났다

삼월에 내리는 눈

그럼 그렇지

꽃샘 없는 봄이 어디 있으려고

봄을 그리며

언제부터였을까
기다리기만 하던 봄을 애정하게 된 때는

붓으로는
도저히 형용할 수 없는
봄의 미혹에
빠지다

다시 동백을 꿈꾸며

자분자분 봄비 오는 오후
필통을 열자 또르륵
동박새 울음이라도 묻어날 것 같은
씨앗 세 톨
모가지째 툭 꺾어 떨어지던
여문 꽃잎의 기억
우산 없는 동백 밑
간간이 떨어지는 빗방울을 맞아도
넉넉한 그늘만큼
붉게 젖어드는 꽃잎의 몰락
숨어들듯 두 눈 잠시 감아도 좋을 절정
가만 손 안에 다잡아
화분 옆에 묻는다
다시 동백을 꿈꾸며

제2부

몸의 말

조금씩 버리고 난 자리
더 조금씩 몸의 말 들린다
무던히 굳은 허리로 버티더니
다섯 번째 척추뼈
납작 주저앉았다
아픔이 저 하나였겠냐만
세숫물 찬기 가신 아침
제풀에 꺾였다
할 수 있는 일이란
더운 찜질로 달래는 일
물리치료실 문 앞에서 만난
반가운 뒤통수와
막걸리잔 기울이며
저마다 살아온 날을 눈물겨워 할 뿐
아우성치듯 몸이 내게 하는 말
차라리 귀 막아야겠다

등 굽은 노인

화톳불에 등 돌린 채
평생 짊어졌을
고단한 삶을
따뜻하게 말리고 있는
갈필의 그림 한 점

빈집

늑골 사이사이
사랑의 흔적
사람 냄새 이끼 내음
훅, 하고 끼치면
현악기의 잊힌 음률
눈물 나도록 맑게 울리는
수숫대 엉성하니 손 놓은 자리
오래된 햇빛 한 줌
일없이 앉았다 스러지면
허방 짚듯 내려앉는 어깨
가을마저 온다면
뜰 안 늙은 감나무
저 혼자 달아올라
이따금 기웃하는 바람
낯선 인기척에 놀라
무안함을 달래는 한낮

겨울 정경

첫눈이 오고 난 얼마간
초겨울답지 않은 포근한 날들이다
기상예보에 전국적으로 눈발이 날린다는 저녁
마당의 자갈 틈새로 서릿빛이 반짝인다
함박눈 내린 기와지붕이
온통 새하얀 고깔을 얹은 듯 단아하다
오후가 되도록 마당 가득 눈발이 쌓이고
어느 누구 발자국 짓지 않는다
햇살에 못 이긴 눈더미가 쏟아지는
그 느닷없는 소음에
수선화 새순은 족히 눈금을 키 세웠으리
창으로 반사되는 눈빛
공연스레 서성이는 고요
따끈한 찻잔에 눈길을 더해 다독이는 손길로
고른 치열을 내보이며 마주 웃는다
수은주가 말없이 덥혀진다

불면의 시간

오래된 주전자를 닦았어
잠도 오지 않는 밤
쌀쌀해진 날씨 첫눈 소식에
서둘러 안으로 들인
크고 작은 화분에 물을 주고서
기름때 찌든 채 불에 그슬린
손잡이는 한쪽이 부러진
스테인리스 차 주전자를 닦았어
서툰 농사에 저리고 불편한 손 따위
가만가만 타들어 가는 난롯불 등 뒤로 느끼며
그리 오래되지 않은 때를 벗겼어
3M 쇠수세미 까칠함에 맡길 땐
마음대로 붓질 되지 않는 20호 수채화도
작달비 고인 웅덩이 같던 글쓰기도 잊었어
언제부터였을지 벽에 걸린 더께가 벗어지며
슬몃 시가 찾아와 반짝 나를 깨웠어

팬터마임

망자의 웃음 앞에서
꿈꿀 수 있는 것은 무엇이었을까
끝없이 채워지는 향불 연기 너머
생시인 듯한 표정으로 검은 띠를 두른 초상
그는 더 이상 꿈꾸지 않을까
아님 꿈 그 이상의 세계로 떠났을까
재즈가 어지러이 흐르는 영안실 한구석
일련의 무리들이 망자의 영혼을 파느라
술기운에 목청이 실린다
여느 죽음 앞에서 그랬듯이 향을 사르고
살아선 한 번도 받아보지 못했음 직한 예우의
읍을 하고 상주 앞에 섰어도
눈물은 예전의 그것이 아니다
슬픔도 도둑처럼 다녀가면
망연해지는 것인가
시간이 흐르고 어린 상주
발걸음에 무게가 실리는가 싶더니
영락없는 아비의 걸음새다

끊길 듯 이어지는 재즈의 흐느낌
생전의 그가 즐기던 짙은 페이소스의
음률만이 서러울 뿐 슬프지 않다
망자가 꿈꿔온 이상적인 풍경이 아니었을까
더 이상 누구도 꿈을 이야기하지 않는다

적멸의 시간은 그리 길지 않다

몇 년 만의 폭설로 뒤엉킨 세상을 지나
하늘과 땅의 구분이 모호해진 대기를 뚫고라도
기어이 와야만 했을 침묵의 아가리
소각로의 불씨가 지펴지고
세 번의 호명이 절규하듯 쏟아지고
칸칸의 등만이 깨어있는 지층 아래
눈물 지운 해쓱한 얼굴의 무리들이
별맛 없는 국물의 따스함으로 위로받는 사이
밤새 눈을 받아낸 12월의 햇살이 난반사되는
담배 몇 개비의 시간 사이
적멸의 시간은 그리 길지 않다
예순 평생을 모지락스레 살아내듯
뜨겁게 타올랐을 육신
오롯이 백자함에 담긴 따사함이
마른 짚 틀고 앉아 거친 숨 몰아 낳은
초란의 온기로 다가와
가만 볼 가져간다

윤시월

밤늦도록
빈집 양철지붕 빗소리로 수선스럽고
쪽창에 가끔씩 번쩍이는 섬광으로
앙다문 입을 더욱 굳게 하는 윤시월
안개 걷어내지 못한 새벽
밤새 문 밖을 서성였을
고요 속으로 한 걸음 내딛는다
잠깐의 생각들로 분주한 이마를 짚고
먹감나무 수척한 그늘로 들어서면
먹시 몇 알 밤샘이라도 한 양
남겨진 눈빛이 붉다

허기

손끝이 저리다
손등 위로 툭 불거진 혈관
걸림돌이라도 만난 걸까
혈관주사 바늘을 꽂고
링거 줄 대신 레이저를 꽂는다
본능으로 숨어버린 혈관을 찾아
주사기 바늘로부터 시작된
붉은빛의 길
눈을 감고 불빛이 흐르는 길을
촉각을 세우고 더듬는다
말대로라면 온몸의 핏줄을 타고
막힌 곳을 막힘없이 휘돌고 있을 테지만
어느 곳에서도 반응이 없다
아니 있다, 위장에서의 반응
자극은 계속되는 것이다

하늘

헤아릴 수 없이 많은 별에서
헤아릴 수 없이 많은 풀벌레가 꿈꾼다

밑바닥까지 빠져버린 별이
돋을 자리를 비워두고

하늘은 저리 푸르다

우물

눈물이 났어
아주 오래전에 잊혔던
내 안에 오래된 우물이 있었어
쉽사리 물기가 고이지 않던
갈수기의 그 낡은 구덩이
숱한 밤을 불면으로 뒤채이던 끝에
깊어지던 눈빛 끝에
오늘은 청명한 봄볕 아래
자꾸 눈물이 흐르는 거야
물기 걷힌 눈물 너머
물오르는 버들가지가 보여
봄이야
정녕 산그늘 그윽해지는
온 산이 짓무르도록 활활 타오를 봄이라고
미덥지 않은 것이 네가 아니고
네가 가진 무모함이 아니고
내 속에 숨겨 왔던
또 다른 사랑을 향한 몸짓이었다고

내 눈물로 피폐해진 마음 구석진 곳까지
젖어들 수 있다면
쉬이 마르지 않는
그런 사랑을 퍼 올릴 수 있다면

들불

가을 가뭄 끝에
묵정밭 가득 억새 피 띠풀
여름의 게으름을 털어낼 양으로
불 지른 얼마 뒤
튄다 일찍 겨울잠 든 씨톨들
바람을 업고
널름거리는 불의 씨
언제던가
저 걷잡을 수 없는
들불처럼 번지던 감정
서둘러 불길을 잡던 때가
타다 만 묵정밭 같은 가슴
애잔히 들여다보며
놀란 숨결 쓸어내리던 그때가

눈물 저 너머

마흔에 날개가 꺾인 가장에게
남은 것은 지독한 골수염
늘어가는 진통제만큼
썩어가는 것은 한쪽 다리만이 아니었다
다리 절단이란 극단적 통고에
마흔넷 생을 자르기로 했다
열두대 절벽 아래 모진 목숨 꺾던 날
소문처럼 잔설이 흩날렸다
피 울음 토하던 청상의 어미
무명 치맛자락 부여잡던 눈물 저 너머
철없는 자식 살빛 고운 아내
멍에 벗듯 훌훌 털고 난
길든 가죽잠바 위로
한낮의 햇살 부서져 절뚝거렸다

홍시

서른여섯, 채 피지 못한 나이
동그란 이마 동그란 턱 동그란 어깨를 가진
둥글둥글할 것만 같던 어미의 시간은
아비가 떠난 절벽의 기울기로 가파르게 꺾였다
어미는 자식 셋을 짊어진 청상으로 남았다

현관문을 열면 머리에 한가득
산감을 따 이고 들어서시던
먹시 가지런히 익히는 베란다
다니러 오실 적마다
먼저 익은 감부터 달게 드시던

햅쌀 방아 찧으러 가는 차 안에
홍시가 흘러나온다
나훈아의 목소리에 홍시가 열리면
때때로 잊고 살던 엄마 생각에
아픈 손가락인 난 눈물이 왈칵 돈는다
올해도 어김없이 홍시가 익어간다

울 엄마가 보고파진다
울 엄마가 그리워진다*

---

*나훈아 노래 〈홍시〉 가사.

열무김치를 담으며

당신 없이 웃고 울며 살아지던 날들을 지나
장독대에 고이 모셔뒀던 박달나무 절굿공이
깨끗이 씻어 말린 아침
어미를 떠나면 금세 눈물 바람이던
품 안의 자식들
식솔 늘려 살자시던
어머니 가신 지 십수 년
쇠절구며 돌확 사이 바삐 움직였을
수십 년 손때 묻은 미끈한 공이
그 밑에서 육쪽마늘 짓이겨지고
붉은 물고추 매운맛이 더해져서
감칠맛 나는 열무김치 익어가던
다신 돌아오지 않을 그리운 손맛

구충제

굳이 마다하는 손사래를 접고
이미 알코올로 소독되었다 우기는 입으로
눈으로 확인되지 않는 구충 효과의 미진함까지
한입에 몰아넣는다
잦은 주전부리와 편식으로
식전이면 화덕 위에서 맛있게 볶아지던
기름진 짜장 냄새에 헛구역질하며
노오랗게 횟배 앓던 여덟 살 여름
조회시간에 너나없이 호명되어
한 움큼 털어 넣고서야
자리로 돌아갈 수 있었던 부끄럼 사나흘
옹기전 뒤꼍에서 몰래 쏟아내던
한 무더기 회충들은 어찌 되었을까
이젠 한 번에 한 알로
구충 된다는 알약을 털어 넣으며
양변기 가득 쏟아내도 좋겠단
들어갈 줄 모르는 아랫배가 횟배였음 좋겠단
얄팍한 기대에 미소 짓는다

선심

젓갈 시장 계단에
매판만 한 엉덩이를 부리고
내려다보는 세상은
소리라도 질러야 풀어질 듯한 일상을
노랫가락으로 대신해도
짠맛의 이끌림으로
여전히 갓 잡은 원물인 양 활기차다
짭쪼롬한 맛뵈기 젓갈을 오물거리며
오가는 홍정은 차라리 선심이다
하루하루 존재를 잃어가는 모습을
바라보는 일이란 눈물겹다
온전히 자신을 버려야 곰삭을 수 있는
즐비한 양철통 가득
시간을 발효시켜 사람을 끄는
젓갈을 생각하며
어제까지의 나를 벼린다

제3부

시(詩)에게

너에게 마음의 빗장을 연 후로
쉬이 잠드는 날이 오지 않네
가슴 한 켠에 추를 달고
너에게로 쏠리는 눈길
네게로 가는 주체할 수 없는 걸음마다
얼마나 많은 자책을 매달았는지
너의 심장 소리 튼실한 품 안에서
난 아무것도 모르는 천치가 되어도 좋겠다
능선마다 복사꽃 일렁이는 아린 늑골 마디마디
이럴 줄 알았더라면 미리 알았더라면
네가 내미는 그 손을
동아줄 같은 운명의 끈을
잡지 않았을 것을
내 마음의 문 안에 너를 들이지 말 것을

다시, 시(詩)에게

한순간에 품고 말 것처럼
한달음에 달려들 것처럼
그렇듯 지녀온 열정이었기에
온밤 뜬눈으로 너를
그리워하는가도 모르겠다
꺼질 듯 꺼지지 않는 불씨를
가슴 한 켠 묻어두고
마음은 늘상 섣달 버선목이었다
서로에게 길들여진다는 것
물이 든다는 것
서로에게 온전히 녹아드는 일이란
또 얼마나 아름다운 일인가

망중한

두꺼비 등에
산꿩 울음 얹은 채
비 온 뒤 우쑥 자란
푸르른 댓잎 그늘 밑으로
한낮이 느릿 간다
훈풍에 사운대는 댓잎 아래
호미 든 손길 잠시 숨을 고르고
맺힌 땀 씻어내며
먼 데 산으로 눈을 돌리면
낮은 능선 잡목 우거진 틈새로
하나둘 펴지는 빛살
산벚나무 오지게 터지는 오후

어둠 속에 벨이 울린다

벨이 울린다
'발신번호표시제한'
존재를 밝히고 싶지 않은
그러고도 나를 확인하는
전화벨이 요란하다
갈등의 시간과 함께
짧은 끊김음
너로 향한 길이 끊긴다
다행이다
선 없는 전자파 너머
안부가 궁금하다니
잊지 않고 그리워하다니
네가 나를 확인하듯
되짚어 찾아보지만
'발신자 정보 없음'
아무것도 남기지 않고
애끓는가 보다
참 다행이다

심야 통화

너
곁에 없어도
가슴에 불을 지피는
아슴아슴한
장난

미로 찾기

미친 짓이었다

전북 완주군 구이면 길이 어두워 오는
모악산 기슭의 기역자 옛집
군불 냄새나던 그이 어머니와 나란히 누워
모기장을 비집고 들리던 아버지 밭은기침을 따라
자는 듯 새는 듯 밤을 다 보내고
독경 소리 끊어질 듯 울리던 산길
허리 굽어 내려다보는 상수리나무며 물푸레나무
계곡 물살에 물장난치며 곁눈질하던
으름덩굴이 연신 모로 틀던 푸르른 숲
언뜻언뜻 맑은 하늘 보여주던 바람
철들어서야 사랑이었다 미소 짓게 하는
설익은 개암만큼이나 떫기까지 하던
혀의 기억 아련해진 지 오래
사라지는 것은 사람뿐이라지만
어르신 세상 등지셨단 소식 들린 지 십수 년
사람도 소리도 계곡을 차고 흐르던 물살도 가고 없는

지워지지 않은 추억 속의 주소 한 장 들고는
돌아갈 수 없는 한 시절의 안타까움이라니

미치지 않고는 사랑할 수 없다

화사목(火死木)

혹시나 하는 너의 부재를
확인하고 돌아서는데
발끝이 흐리다
병 깊은 그리움은
눈물 맛으로 도지고
건천에 드리운 햇볕조차 짐스러워
다디단 아이스크림 뭉텅 깨물고 만다
미간을 타고 코끝을 넘쳐나던
은근한 담배 내음
너를 안고 싶다
가벼운 눈맞춤 오고 간 사이
이미 내 안에
활활 지핀 불쏘시개

거짓말처럼

떠나와 홀로 보고픈 마음까지
서운히 감나무 밑에
묻어나 두고 올걸
눈 녹은 네 집 앞 개울
물소리 가득 차고
사방이 푸르름에 눈뜰 때
저 혼자 희부연 얼굴로 꽃피어
푸른 땡감 맺어놓고
뚝
뚝
떨어져 울어나 버릴걸
잡은 손 놓아주고 돌아서 버리면
그리운 마음까지 묻혀
해마다 감꽃으로 피고 또 피고
새록새록 그 꿈까지
바알갛게 열릴지 몰라

송광사 벚꽃길

이 봄,
새로 피는 목숨 치고
눈물 나지 않는 것 또 있으랴
빛 중 가장 여린 빛으로 깨어나
환하지 않은 것 없다
꽃 숭어리숭어리
꽃그늘 그윽하다
꽃잎 떨어져 눈길인 듯
숫눈길에 어린 짐승 새벽길 내듯
점점 꽃점이 박힌다
꽃멀미 이는 동행
그 꽃비 고스란히 받아낸다
바람에 흩날리는 꽃잎
이마를 때린다
어느 말씀 한 마디 정신을 깨친다
정수리며 귓속까지 정정한 말씀
바람난 오후를 후린다

복병

연수동 시인의 공원 옆
각기우동집 질펀한 상차림
쉰내가 군내로 내려가는
곰삭은 총각김치를 먹다가
생강을 통째로 씹었다
외돌아 살아있는
혀가 살아나
눈살 찌푸리게 하는
삭지 않은 맛
적어도 어울렸다면
삭아들 줄도 알아야 할 법
생선초밥 낯선 미각을 따라
삭힌 생강을 씹던 첫 기억이
날카롭게 지나갔다

연잎에 흐르는 시간

눈으로는 느낄 수 없지, 지금
연지문(蓮指門)을 들어서는 내겐
느낌만으로 누기를 알아챌 정도의 입자들이
매끈한 연잎 위로 내려앉듯 떨어지는
그 작은 튕겨짐 뒤에
세상에!
지상으로 낙하하는 수많은 물방울들
감당 못할 무게는 비워내고야 마는 허허로움
만개한 연꽃 힘없이 연밥을 내보이며
서두르듯 푸른 잎 사이로 흘러내린다
빗방울 후득이는 소리
저들끼리 잎을 부딪는 소리
너른 연못 안에
한바탕 소리의 마당이 열린다
물방울이 커지기를
묵묵히 기다려주는 마음이 있어
좁은 우산 밖으로 밀려 나온
한쪽 어깨가 젖도록

비와 연잎 사이
서성여도 좋았다

선운사로의 동행

어깨 들먹임도 없이
하늘이 울기 시작한다
이웃고 앞서오는 자동차들 하나 둘
전조등을 밝히며 지나친다
눈발들 성근 걸음마다
어두운 길 하나 열린다
아름의 나이테를 안고
쉴 새 없이 바람을 어르는 잎새마다
물오른 동백 몽우리마다
천년의 사연 가득하다
약수 한 모금에 씻어보는 시름과 번뇌
운무와 눈보라로 뒤덮인
서툰 길이 짧기만 하다
너에게로 가는 길이 어두우면 어두울수록
삶의 전조등 하나 켜줄 수 있는
의지가 필요하다

길

길이 보이지 않을 때
한바탕 바람이 휩쓸고 간
숲으로 가자
형형색색 물들었던
무수한 생각의 갈피들
발아래 내려놓고
사시나무는 사시나무끼리
밤나무는 밤나무끼리
굴참나무는 굴참나무끼리
잎 떨군 가지들만으로
제 색깔로 어우러진 늦가을
다 털고 난 후에야
한눈에 알아보도록
비로소 열리는 저마다의 길
길이 아니다 싶을 땐
잎 떨군 가지 하늘로 길을 여는
숲으로 가자

가을 속으로

가을이 이만큼 익어가고 있다고
지금 막 접어든 고갯길에
화색이 돈다
나는 가을로 걸어 들어간다
멀지 않은 고개 아래
섬 아닌 섬
산 정상이었을 섬 하나가
그림자만 넌지시 담근 채
흔들림도 없이 저물어가고 있다
가을이 왔다고
천지가 산하가 제 모습을 벗어던지고
뜨거운 몸을 담금질하고
말간 실핏줄까지 쏟아붓고
맑은 가을 하늘 아래 꽃 진다
괜스레 눈물 나는 바람에
햇살 없은 단풍과 휩쓸리는 낙엽과
보고 싶단 말
낯설고 새삼스러운

먼 나라의 언어 몇 음절
다시금 되새기는
가을의 정점에 서서

밤나무 아직도 휘둘린다

발목을 접질린 날이 있다
이제 막 꽃을 피운 밤나무에게 슬쩍
고통을 건네준 적이 있다
진종일 바람 부는 언덕
밤나무를 건너다본다
무참히 부대낀다
다친 발목을 풀며
쓰라림과 결림을 넘겨준 죄로
모진 바람에 꺾이지 않을까
내심 걱정이다
창밖엔 바람 세차고
초여름 내내 가슴 울렁이게 하던
꽃술을 매단 채
밤나무 가지 종일 힘들다
발목이 뻐근해 온다
멍이 시퍼렇게 살아나 아리다
밤나무 아직도 휘둘린다

가을을 낚다

방죽에 던져둔 낚싯대에선 기미가 없다
간간이 바람에 흔들리는 찌
소금쟁이 한가로이 수면 위 정적을 가를 뿐
어느새 물가로 내려서는 산 그림자
온갖 풍경이 물속에 고스란히 잠긴다
전선 위 새 한 쌍
평행선의 긴장을 늦추기 위한 쉼표로
한 박자 쉬라는 은유인가
장마에 지친 하늘이 모처럼 맑다
손에 잡힐 듯 선명한 별 별 별
눈을 닫고 미덥지 않은 귀를 열자
풀벌레 소리 뼛속까지 저리다
바람이 시원스레 더운 뺨을 스친다
찰나, 시(詩)의 미늘에 가을이 걸린다

첫 타작

따가운 여름 햇살 영근
때글때글한 메주콩을 터는 날
아침부터 한바탕 끓인 부아에
어깨에 힘을 실으니
뽀얀 속살 저문 들녘 가득 튄다

고순 내 가득한 들깨 터는 날
혼자 애쓰는 용심에
알뜰히 털어내려는 욕심에
쉼 없이 휘두르는 어깨짓
어설픈 농사일에 요령이 있을 리 만무
깻송이 하나 남김없이 멍석으로 수북하다

콩 터는 시원함보다
깨 터는 야멸참보다
어깨만 무거운 가을 타작이다

제4부

서른 살의 봄

음달 산이 양달 산 보고
제풀에 놀라
다섯, 여섯 연년생 장난꾸러기
채 녹지 않은 흙더미 속에 뒹굴다
하루해를 보내고
빨랫감만 줄창 쌓이는
극성떠는 균을 잡자
털어 넣는 마이신
노란 낮빛으로
휘청 휘청
(병보다 먼저 사람 잡겠다)
내 방 창턱 아지랑이
볕살 좋은 산허리로
휘청 휘청

뭇국이 끓다

매번 낯선 가난한 밥상을 위하여
발가락부터 저리는 아침을 마주한다
무의 결 고운 몸매를 다듬으며
아뿔싸, 시퍼렇게 멍이 든 채
살이 밀려 커 왔음을
여린 뿌리가 자라
여문 몸통으로 자리 잡으려 할 때
땅 밑 보드라운 흙
가래질하던 한 옆으로 비켜
복병으로 자리매김했을 상처
도마 위에 올려져서도
바르게 자리 잡지 못하고 도드라지는
뿌리로 자라는 아픔이야
코닝웨어를 삼킬 듯한 불길 속
지금
진한 아픔을 삭여낸
뭇국이 끓고 있다

가벼운 밥상

장마를 알리는 빗방울
빗줄기보다도 더
세찬 물줄기로
창문을 닦고
가벼운 마음을 드는 점심
호박잎 쌈
푸른 물이 뚝뚝 듣는
남쪽 바다를 밀고 올라온
바람과 빗방울과
한 쌈 한 쌈
장마를 씹는다

염문

월악산 사문리 매표소 옆
세 번째 단풍나무가
이 가을 제일 먼저
몸을 부렸다
햇살을 걸러내는
저 선홍의 핏줄
꽃다운 나이의 생리혈
조용한 염문으로
번지는 월악(月嶽)
얼굴 붉힌 채
가던 길을 놓쳐 버렸다

선물

산국 한 다발을 꺾었습니다
성치 않은 두 아이 수발에
젊음도 활력도 이미 남의 것인 양
새촘하니 퇴색된 웃음기로 일관해 온
작은 체구의 그녀에게
산국의 싸한 내음이 가슴을 휘돌고
급기야 허파 돌기 하나하나를 자극하여
숨통 트일 수 있다면
다닥다닥 희망의 싹을 틔울 수 있다면
한 줄기 한 줄기 환한 미소를 지으며 반길
그녀를 상상하며
고단한 일상에 향기가 배도록
노란 산국 한 다발
양손 가득 가을을 안고 가는
발걸음이 가볍습니다

겨울비

짙은 푸르름 속에 감춰져 있던
실핏줄 같은 가지
부드러운 빛깔의
순한 짐승의 웅크린 등을 하고
물색마저 눈을 부비는
한낮

그리운 이의 얼굴로
세상이 조금은 멀어지는 날
바람이 해산어미의 허허로움으로
겨드랑이를 살피곤
뜨악하니 꼬리를 감추는
해열의 이맘때

잦은 어깨를 맞대고
말갛게 어둠을 깨우는
빈 들을 두드리는
짧고 간결한

한 떼의

공

명

서리꽃 읽는 아침

서리꽃이 아름다운 계절입니다
방학으로 아이들이 떠난
빈 교실 텅 빈 운동장으로
마른 바람이 서걱이다 돌아섭니다
유리창에는 바람이 전하는
한 가지 소재로 그린 풍경이
가득 쌓여 있습니다
잎을 여윈 미루나무
밤새 소리 없이 내린 눈을 이고
조용히 숨죽여 흐르는 개울도
가을을 노래하던 빛바랜 갈대숲도
한 장 한 장 조금씩 다른 얼굴로
소식을 전합니다
바람이 전하는 새해 인사
난롯가에 등 돌려 서서
가슴까지 따뜻하게 읽어 내려갑니다

겨울나무

나무라 생각해봅니다
단단하지도 못하면서 둥치만 굵어져 가는
잡목이라 쳐 봅니다
봄에 새순을 틔고
여름의 그늘을 가웃하고
가을엔 단풍도 흐드러졌겠지요
잡목일수록 요란했을 법하니까요
내세울 것이라고까진 못할
볼품없이 큰 둥치를 내보이는
들판 끝 나무라 해봅니다
군데군데 옹이는 지고
마디마디 질곡의 순간들도 보입니다
가진 것이라곤
비바람에도 꿋꿋이 버텨낼
더 깊이 살아내고자 하는
튼실한 뿌리뿐인

경계경보

도시는 지금 안개주의보
아픈 관절 마디마디
습한 바람이 스미고
막다른 골목이 낯섦이
도처에 웅크리고 있다
아는 얼굴 마주하는 일도 없이
하루하루가 일상으로
궤도에 오르고
골목엔 가랑잎만 기웃거린다
그곳엔 이미
왜소해진 우리들 그림자
지금의 도시는 회색빛
닫힌 가슴으로
마른 바람 몰리는
건조주의보

(불 지르고 싶다)

근황

이른 아침
밥보다 먼저 거울 앞에서
완전 무장을 꾸린다
고른 치열을 내보이는 웃음으로
네 바퀴에 싣는 하루를 연다
눈가 가득 잔주름이 자리를 펴고
오장과 육부는 제 웃음에 최면이 된
경련이 이는 얼굴
손마디엔 이미 굳은살이 박인
무거운 생을 양손에 거머쥐고
내려다보면 눈에 들어오는 생경한 멍
어디서 어떻게 생겼을지
미루어 짐작되는 또 다른 삶의 훈장들
짧기만 한 다리가
늘어진 팔길이에 아득하리만치
휘청이는 걸음
대지는 평소보다 가깝게도 느껴진다

훔쳐보기

짧게 자른 머리 파르스름하니
나이를 가늠하기란 어려울 듯도 싶고
두터운 외투에 가려진 짧은 목덜미가
그가 기혼자임을 말해준다
어느 순간부터인지 모르게
결혼한 남자들은
목이, 뒷목이 굵어져 가고 있다
여자의 이두박근이 늘어져 지방으로 채워지듯
남자의 어깨 위엔 피곤이 얹혀 있다
그것을 감지하지 못한 채
남자는 그저 고개만 주억거린다
시선이 남자의 짧은 머리로 옮겨 간다
햇살이 미치지 않는 속살이
파랗게 살아있는 목덜미에서 희망을 찾는다
남자는 새내기 신랑이다

는개 내리면

잿빛 하늘 낮은 담장 아래 깔리고
희망이라곤 보이지 않는 저녁
무엇 하나 제자리 찾지 못한다
입원실 유리창에 기대어 보는 장례식장
수은등이 쉽게 졸고 있다
이런 날엔
육신의 허울을 털고
구차한 이성도 벗어놓고
아무도 발붙인 적 없는 원시의 처녀림
자작나무 숲을 꿈꾼다
헐벗어 아직은 시린 어깨 부비며
두 팔 벌려
하늘을 온몸으로 받아내며
가뭇가뭇 희망이라는 순 틔고 싶다
는개 내리면

아가

보면 낫기라도 할라치면 몰라도
차마 보지 못하겠단 고집을 접고
열 달을 태를 빌어 세상 빛 보인 날
배냇 때를 씻기듯
돌아갈 그날에
세상 땟국 씻어내려
선선히 따라나선 길
목울음을 토하듯
예순의 맏딸에게 부르는
꺼질 듯한 고통은
봄날 짧은 해거름에 낳아서
보릿고개 넘긴 가난한 배곯이로 인해서라고
팔순의 주름진 손끝에서
자분자분 건네는 회한(悔恨)

잠 못 드는 밤

가로등 어깨 뒤 숨은
여윈 달빛도
나지막한 창가로 불러들이고
간절한 노래 한 곡조
서늘히 부르던
마음 한 자락에 서럽게 걸어두고
맑은 눈빛에 맞닥뜨린
개화한 낯빛
첫사랑의 입맞춤까지 일으켜 세워
백일홍이 타는 마음밭으로
허기를 타고 오는
공복의 그리움

달궁

상수리나무 우듬지를 딛고
갓 피듯 부풀어 오른 구름
산 너머에서 낮빛마저 바꾼 채
마한의 바람을 몬다
구름도 바람도 숲에 내릴 때에는
숲을 닮아가는가
구름이 잦아들듯 품에 든다
살풋 깃을 접는다
숲이 큰 숨을 켠다
능선을 타고 술렁이는 바람의 옷깃을 풀어
계곡은 물비늘조차 가벼이 길을 낸다
새로 얻은 소금꽃인들 저리 하얄까
세상에 처음 나온 듯한 별
먹빛 하늘에 공깃돌 뿌리듯 쏟아놓는 이 시간
지리산은 커다란 하나의 궁(宮)이다

가지 않은 길

너의 빈자리 어긋난 인연인 채
신열로 몸살을 앓는
네 생각 하나로
숨이 가쁘고 길이 뵈지 않는다
대설주의보가 무색한 이 아침
솔잎도 제 빛을 찾아가고
대찬 바람 물러간 가지마다
진달래 촉을 돋우고
활활 불이 붙는 가슴
가지 꺾인 생각마다
욕(慾)이 되는 이름

길 위의 하루

온종일 물기 실린 바람
어깨를 쓸더니 그예
오가는 차들의 불빛 사이로
무거운 몸을 누인다
잎 넓은 가로수 절지동물로 흐느적이는
더러는 젖고 더러는 흩뿌리는
눈 내리는 3번 국도
거침없는 길이라고
서지 않아도 좋다고
돌아가지 않아도 된다고
길게 여지를 남기는 신호등 푸른 불빛
뒤채임 적은 눈발에
홍건히 젖는 가슴
길 위에서 길을 지우는 하루

해설

늦었지만 결코 늦지만은 않은

고영(시인)

1.

시작이 있고 누구나 예외 없이 종말을 맞을 것이다. 시작과 종말 사이를 우리는 숱한 경로로 각자의 걸음으로 지나가면 그뿐이다. 이처럼 인생은 간단하게 정의된다. 시작과 종말은 순식간에 완성되는 사건이고, '기억'이 남는가 하는 문제는 실제 인생에서 그 가치를 가늠하기 어렵다. 그것은 언제나 사이, 경로라고 불리는 과정 안에서 상상적으로 되풀이될 때만 의미가 분명해진다. 우리는 자기 인생의 완성된 형태, 혹은 전모(全貌)를 한눈에 바라볼 수 없다. 아무리 많은 사진을 남기고 사방 벽면을 거울로 가득 채워도 마찬가지다. 어쩌면 비유가 만들어진 이유가 거기 있을지도 모른다. 순간을 영원으로 잡아두려는 시도가 글쓰기라는 행위의 본질이라면, 비유는 어슴푸레하기만 한 자기 존재를 실상(實像)으로 생생하게 바라보려는 욕망의 결과이다. 그런 관점에서 최수영의 시를 이끌어가는 힘은 비유에서 나온다고 할 수 있겠다. 그것은 나와 타자 혹은 나와 사물과의 관계에서 맺어진 갈등이나 대립을 비유의 시선으로 바라보고 끌어안는 최수영 시인만의 독특한 시적 전략에서 기인한다.

최수영 시인의 첫 시집, 『상처는 소리를 감추고 있다』에는 절망을 딛고 선 희망의 메시지들이 가득하다. 그런데 그 희망은 어떻게 해서 무엇이 되자는 식의 목표 지향에서 떠오르는 것이 아니다. 마치 이탈리아 시인 체사레 파베세가 "세상의 유일한 기쁨은 시작하는 것이다"라고 자신의 암울한 시대와 현실 속에서 외쳤던 것처럼 최수영 시인 또한 상처와 결핍 속에서 희망의 기운과 색채를 펼쳐 보인다. 이런 시적 태도는 글쓰기에 대한 진정성을 극대화시키는 전략이 될 수도 있으며, 그 전략은 이번 시집에서 어느 정도 성취를 이뤘다고 볼 수 있다.

> 나무라 생각해봅니다
> 단단하지도 못하면서 둥치만 굵어져 가는
> 잡목이라 쳐 봅니다
> 봄에 새순을 틔고

여름의 그늘을 가웃하고
가을엔 단풍도 흐드러졌겠지요
잡목일수록 요란했을 법하니까요
내세울 것이라고까진 못할
볼품없이 큰 둥치를 내보이는
들판 끝 나무라 해봅니다
군데군데 옹이는 지고
마디마디 질곡의 순간들도 보입니다
가진 것이라곤
비바람에도 꿋꿋이 버텨낼
더 깊이 살아내고자 하는
튼실한 뿌리뿐인

—「겨울나무」 전문

시인은 '겨울나무'에 빗대어 자기 존재를 오롯이 드러낸다. 무릇 나무라면 "봄에 새순을 틔고/여름의 그늘을 가웃하고/가을엔 단풍도 흐드러졌겠"지만 오히려 겨울이 되고 나서야 '뿌리-둥치(줄기)-가지'라는 나무 전체의 종적 연대를 확인할 수 있게 된다. 이 연대 확인이 중요한 것은 눈에 보이는 사태의 이면에는 언제나 보이지 않는 힘(원인)이 있기 때문이다. 사계의 순환을 거듭 겪으면서 "군데군데 옹이는 지고/마디마디 질곡의 순간들"이 새겨진 '둥치'는 확연히 드러나 보이지만, 나무의 시작이고 현재를 지탱하는 힘의 원천인 "더 깊이 살아내고자 하는/튼실한 뿌리"는 실제 눈으로 확인하기 어렵다. 이 종적 연대는 유추를 통해서만 깨달을 수 있는데 그러자면 '새순'이나 '그늘', '단풍' 같은 시각적 요소가 나무의 본체보다 도드라지는 계절이 아니어야 한다. 겨울이라는 계절도 계절이지만 "단단하지도 못하면서 둥치만 굵어져 가는/잡목", 그것도 "들판 끝 나무"라는 시인의 자기 정위(定位)는 자학적이라 할 만큼 침착하고 대담하다. "잡목이라 쳐 봅니다"라는 전제, 즉 비유임을 가정하고 시인은 자신을 '잡목'으로 환치시킨다. 잡목은 일상적으로 '경제적 가치가 낮은 나무'라는 의미로 통용되지만, 사전의 기본의미는 '다른 나무와 함께 섞여서 자라는 여러 가지 나무'이다. 이 시의 경우 두 의미가 중첩되어 사용된 것으로 보이고, 그 위치가 "들판 끝"이라는 점에서 수사 이상의 효과를 겨냥한다. 눈앞에 마주하고 있는 나무 자체보다 그 이미지 너머를 상상하려는 욕망이 더 커지는 것이 인간의 본성이다. 이렇듯 시인이 '겨울나무'로 자신을 비유한 이유는 "비바람에도 꿋꿋이 버텨낼/더 깊이 살아내고자 하는/튼실한 뿌리"의 존재를 역설적으로 강조하기 위함이다.

봄볕은 무턱대고
고개 숙인 수선화 목덜미를

자꾸 간지럽혔던 거였다
한 차례 봄비 홍건한 뒤에
무던한 간지럼 못 버티고 마침내
수선화 그 환한 얼굴을 들고 말았는데
순간 뒤뜰은 온통
환한 낯빛의 간지러움으로
두근대는 것이었다

—「내 마음의 뒤란」 전문

뿌리의 강조는 자칫 '의지'를 중시하는 것으로 비쳐 시인의 초상(肖像)을 완고한 윤곽에 가둘 위험이 있다. 그러나 이런 오해는 시집의 다른 작품을 통해 금세 해소된다. 가령, "헤아릴 수 없이 많은 별에서/헤아릴 수 없이 많은 풀벌레가 꿈꾼다"(「하늘」)라고 하늘의 존재 이유를 상상하는 것이나 "새로 피는 목숨치고/눈물 나지 않는 것 또 있으랴/빛 중 가장 여린 빛으로 깨어나/환하지 않은 것 없다"(「송광사 벚꽃길」)라고 새봄 새 꽃에 대한 순수한 찬사는 시인이 품은 희망의 특성을 암시한다. 그것은 '잡목'이든 아니든 지상에 뿌리내렸단 이유로 존중받는 세상을 시작하고 싶은 것이다.

2.

최수영 시인의 시집을 읽으며 처음에는 프랑스 시인 A. 랭보의 "상처 없는 영혼이 어디 있으랴" 하는 날카로운 탄식이 들려왔다. 그렇다, 종교적 원죄든 업보든 혹은 심리적 트라우마이든 정신분석학의 콤플렉스든 인간은 태생적으로 상처받은 존재이다. 이 상처의 보편성은 인간이라는 개념을 이해하는 데 분명히 도움이 된다. 하지만 개인의 구체적 실존을 드러내는 데는 한계가 있다. 상처, 아니 그 '자국'의 의미가 시간과 자아의 성숙에 따라 변하기 때문이다. 이번 시집을 거듭 읽을수록 랭보의 목소리가 지워지고 최승호 시인의 "상처가 썩으면 독화살도 뽑힌다"라는 명제로 이해가 바뀌고 있음을 깨닫게 되었다.

풀을 뽑아보면 안다

줄기의 어디만큼 잡아
어느 만큼의 힘을 주어야
선선히 뿌리를 내준다는 걸
뿌리와도 소통이 필요하단 걸
요량껏 잡아 뽑을 때
투둑, 서툰 바느질 다잡듯
솔기 뜯는 소리가 난다

땅과 뿌리 천과 천의
하나이던 것들의 분리는 소리가 있는지
모국어로도 통역이 필요하던
불혹의 삶을 단절할 때
숱한 소리 있었는가

상처엔 자국이 남기 마련
땅이 패이고 잔 실밥이 남듯
명치끝에 얹힌 아이 둘
소리를 내던 땅도 가슴도
메마른 채였단 걸 알고 나니
등줄기로 서늘한 바람이 지난다

—「상처는 소리를 감추고 있다」 전문

인용 작품은 이 시집의 표제시다. 표현 자체는 '상처와 소리'의 관계를 보여주지만, 상처에 관해서도 소리에 관해서도 많은 암시를 함축하고 있다. 시는 먼저 "풀을 뽑아보면 안다"라는 단언에서 출발한다. 풀을 뽑는 행위는 현대 도시인이라면 일상적인 행위까지는 아니겠지만 특별하거나 낯선 경험도 아니다. 어느 지역 상징인 고목(古木)을 뽑는 것도 아니고 몇 천 평 가을무를 수확하는 것도 아니기 때문이다. 이토록 평범한 행위가 비범한 의미가 되려면 행위 이외의 다른 층위들이

관련되어야만 한다. 첫 연의 시인의 단언은 콕 집어 이 부분을 겨냥한다. 이어서 시인은 후반부인 3연과 4연을 통해 각기 다른 사태를 압축해서 드러낸다. 3연의 경우, "불혹의 삶을 단절할 때"라는 부분은 「눈물 저 너머」의 "마흔에 날개 꺾인 가장"과 "피울음 토하던 청상의 어미"로 구체화되어 나타난다. 자신의 성장과 밀접하게 관련되어 있지만, 그 자신이 작인(作因)이 될 수는 없는 상처다. 반면에 4연의 "명치끝에 얹힌 아이 둘"은 「A컷」에서 "가장 보기 좋은 얼굴로 가려내고 있다/머리 하나만큼 더 커버린 작은 아이 옆/노란 프리지어 향기로 웃고 있는 사진 속에/편안한 어미의 얼굴"로 변모되어 등장한다. '어미'로서 시인의 변화를 함축적으로 보여주는 장면이다.

상처는 무엇인가의 표상으로서 소리를 감추고 있다. 그 '소리'는 두 개의 상반된 방향에서 생겨난다. 하나는 상처가 생성될 때, 즉 힘과 힘의 충돌에서 비롯한다. "요량껏 잡아 뽑을 때/투둑, 서툰 바느질 다잡듯/솔기 뜯는 소리"가 나는 것이다. 시인은 이를 '소통의 부재' 때문이라고 진단한다. 이 소통의 부재는 대상에 따라 해소 방법이 달라진다. "무관심에 내팽겨쳐/앙가슴 고집 세게 뿌리를 붙들고 놓지 않는다/어르고 달래기를 몇 차례 끙 하는 소리와 함께 온통 잎이 붉어"(「이식(移植)」)지고 마는 철쭉나무처럼 '말(언어)'에 기대지 않아도 되는 대상이 있는 반면에 "담록의 나뭇잎들이 사운대며 뭐라 말을 걸어오긴 하는데 아직 그 말을 알아들을 수 있는 귀가 열리질 못했어요 말해 뭐하겠어요 제 몸의 말을 알아듣는 귀가 트이는 데 40년 이상 걸렸으니까요"(「별이 쏟아지는 마당」)에서 드러나듯 '그들의 말'을 알아들으면 해소되기도 한다. 다른 하나는 겉보기에는 '상처'뿐만 아니라 그 상처의 '자국'마저 사라졌지만, 어떤 계기에 의해 내면(무의식)에 감춰진 소리가 되살아나 상처, 혹은 상처의 기억을 떠오르게 하는 관계이다.

너의 빈자리 어긋난 인연인 채
신열로 몸살을 앓는
네 생각 하나로
숨이 가쁘고 길이 뵈지 않는다
대설주의보가 무색한 이 아침
솔잎도 제 빛을 찾아가고
대찬 바람 물러간 가지마다
진달래 촉을 돋우고
활활 불이 붙는 가슴
가지 꺾인 생각마다
욕(慾)이 되는 이름

—「가지 않은 길」 전문

흔히 인생은 선택의 연속이라고 한다. 전제 조건을 달지만 않는다면 부정하기 어렵다. 선택은 무엇인가를 취하는 행위지만, 역으로 나머지 모든 것을 버린다는 의미도 된다. 선택하지 않은 그 모든 것이 말 그대로 그 순간 폐기되어버린다면 사람의 아픔도 그만큼 줄어들 것이다. 하지만 선택하지 않은 것이 마치 '가지 않은 길'처럼 가능성의 그림자로 남아 내 길 위에서 서성인다. 가능하지만 그림자라는 이유로 아픔이 되고 만다.

인용 작품은 "너의 빈자리 어긋난 인연"이라는 첫 표현에서 '가지 않은 길'이 어떤 사랑의 선택이었음을 드러낸다. 그런데 이 '가지 않은 길'에서 시인은 "신열로 몸살을 앓는"다. 왜냐하면 "대설주의보가 무색한 이 아침/솔잎도 제 빛을 찾아가고/대찬 바람 물러간 가지마다/진달래 촉을 돋우고/활활 불이 붙는 가슴"을 느끼기 때문이다. 생각이 감각을 되살려 마치 실제처럼 느껴지게 한다. 하지만 이것은 끝 행의 "욕(慾)이 되는 이름"을 강조하기 위한 표현 전략일 뿐이다. 실제 시인은 "거침없는 길이라고/서지 않아도 좋다고/돌아가지 않아도 된다고/길게 여지를 남기는 신호등 푸른 불빛"(「길 위의 하루」)을 바라보며 서 있기 때문이다.

이미 널리 알려진 미국 시인 R. 프로스트의 「가지 않은 길」을 한 번 더 꼼꼼히 읽어볼 필요가 있다. 비록 제목은 '가지 않은 길'이지만 거기에서 선택의 중요성이나 가지 않은 길의 매혹을 읽어내도 좋다. 하지만 "그 길을 걸으므로,/그 길도 거의 같아질 것이지만."이라는 부분에서 드러나듯 선택 이후 열심히 걷는 길 위에서의 자세가 아름다움의 원천이라는 의미를 찾아낼 수도 있다.

3.

이 시집에서 찾을 수 있는 희망의 메시지는 '희망'이라는 말에 저절로 부풀어 올라 엄연한 현실의 어둠을 부정하려는 그런 몸짓에서 만들어지지 않는다. 오히려 절망스러울 수 있는 현재를 긍정하고 무엇인가 '시작'하려는 부단한 시도에서 저절로 희망의 빛을 쏟아낸다. 「내 마음의 뒤란」에서 '봄볕'의 간지럼을 참지 못해 고개를 든 '수선화' 덕분에 "온통/환한 낮빛의 간지러움으로" 가득한 '뒤뜰'은 물론 새 생명, 새 출발의 상징적 공간이다. 하지만 더 주목하게 되는 것은 시인이 "텅 빈 교실 텅 빈 운동장"을 헐벗은 '미루나무'처럼 바라보면서도 "바람이 전하는 새해 인사/난롯가에 등 돌려 서서/가슴까지 따뜻하게 읽어 내려"(「서리꽃 읽는 아침」)가는 시간을 맞이하고 있다는 점이다. 이런 변화는 「는개 내리면」에서 "두 팔 벌려/하늘을 온몸으로 받아내며/가뭇가뭇 희망이라는 순 틔고 싶다"라는 구체적 양상으로 발전한다.

따가운 여름 햇살 영근
때글때글한 메주콩을 터는 날

아침부터 한바탕 끓인 부아에
어깨에 힘을 실으니
뽀얀 속살 저문 들녘 가득 튄다

고순 내 가득한 들깨 터는 날
혼자 애쓰는 용심에
알뜰히 털어내려는 욕심에
쉼 없이 휘두르는 어깨짓
어설픈 농사일에 요령이 있을 리 만무
깻송이 하나 남김없이 멍석으로 수북하다

콩 터는 시원함보다
깨 터는 야멸참보다
어깨만 무거운 가을 타작이다

—「첫 타작」 전문

언제나 '첫'은 시작을 알리는 의미지만 또한 곤란과 시행착오의 기표이기도 하다. 시인은 "발버둥 치며 살아낸 세월이다/어느 한 날 허투루 지낸 법 없"(「까치발」)었다 호소하지만 "좌충우돌 새로운 언어에 낯설어 되묻기를 하루에도 수차례 관습과 습관들의 괴리에서 잠깐씩 막막해하면서 하루하루를 보"(「별이 쏟아지는 마당」)내는 "서툰 농사에 저리고 불편한 손”(「불면의 시간」)의 존재가 되고 말았다. 그 시작의 마무리이면서 동시에 새 단계의 시작인 ‘첫 타작’을 한다. 시인은 “요령이 있을 리 만무”인 ‘어설픈 농사’에서 “어깨만 무거운 가을 타작”을 한다. 메주콩과 들깨의 소출량은 희망이라는 저울에 아주 작은 눈금이 올라가게 할 뿐이다. 더없이 소중한 것은 고구마 새순에게 귀조차 열리지 않았던 존재가 드디어 가을 타작까지 한 존재로 바뀌었다는 점이다. ‘가지 않은 길’에 남겨진 가능성의 그림자보다 제 길에서의 시작이 언제나 어려워도 가치 있는 것이 바로 이 때문이다.

최수영 시인은 “붓으로는/도저히 형용할 수 없는/봄의 미혹에 빠”(「봄을 그리며」)져서도 그림 그리기를 멈추지 않는다. 마찬가지로 “동아줄 같은 운명의 끈을/잡지 않았을 것을/내 마음의 문 안에 너를 들이지 말 것을”(「시(詩)에게」)이라는 후회 아닌 후회, 호소 같은 투정을 부리면서 시집을 엮는다.

너에게 마음의 빗장을 연 후로
쉬이 잠드는 날이 오지 않네
가슴 한 켠에 추를 달고
너에게로 쏠리는 눈길
네게로 가는 주체할 수 없는 걸음마다
얼마나 많은 자책을 매달았는지
너의 심장 소리 튼실한 품 안에서

난 아무것도 모르는 천치가 되어도 좋겠다
능선마다 복사꽃 일렁이는 아린 늑골 마디마디
이럴 줄 알았더라면 미리 알았더라면
네가 내미는 그 손을
동아줄 같은 운명의 끈을
잡지 않았을 것을
내 마음의 문 안에 너를 들이지 말 것을

—「시(詩)에게」 전문

시인은 "제 몸의 말을 알아듣는 귀가 트이는 데 40년 이상 걸렸"(「별이 쏟아지는 마당」)다고 고백한다. 그렇게 "아우성치듯 몸이 내게 하는 말"(「몸의 말」)은 아픔의 아우성이다. 그런데도 시인은 '시'에 "마음의 빗장을 연 후로/쉬이 잠드는 날"을 맞이하지 못하고 있다. 아프다는 몸의 말을 충실하게 받아적기 때문이 아닐 것이다. 오히려 "마음대로 붓질 되지 않는 20호 수채화도/작달비 고인 웅덩이 같던 글쓰기도 잊었어/언제부터였을지 벽에 걸린 더께가 벗어지며/슬몃 시가 찾아와 반짝 나를 깨웠"(「불면의 시간」)기 때문이다.

시작(詩作)은 언제나 뿌리로 돌아가 시작되지만 오래된 가능성을 약속하지 않는다. 오히려 시는 고백과 성찰을 통해 오래되지 않은 '더께'부터 벗겨내 그 더께 아래 감춰진 희망의 빛을 되살아나게 한다. 그 희망이 시인으로 하여금 "여든의 노인회장 송씨 어르신" 같은 분으로부터 뜻밖의 '촌지'를 받게 한다. 그 촌지에 담긴 마음이 최수영 시인이 시를 쓰게 하는 원동력이자 비유이고, 세상과 소통하게 하는 시작의 기쁨이다. 비록 늦었지만, 결코 늦지만은 않은 이 시집이 앞으로의 시인의 행보에 용기가 되어줄 것을 믿는다. 처음 시작하는 설렘만으로도 이미 충분한, 앞으로 최수영 시인이 펼쳐 나갈 '비유의 대서사시'를 기대해도 좋을 것이다.

문학의전당 시인선 360

상처는 소리를 감추고 있다

초판 1쇄 인쇄 2023년 4월 10일
초판 1쇄 발행 2023년 4월 17일
지은이 최수영
펴낸이 고영
디자인 헤이존
펴낸곳 문학의전당
출판등록 제448-251002012000043호
주소 충북 단양군 적성면 도곡파랑로 178
전화 043-421-1977
전자우편 sbpoem@naver.com

ISBN 979-11-5896-589-1 03810